1000001 1001001 1100011101011000
1010111111001000

AI의 꿈

초판 1쇄 인쇄 2024년 7월 15일
초판 1쇄 발행 2024년 7월 25일

지은이 | 민경복
펴낸이 | 최현선
편집, 디자인 | 장진
펴낸곳 | 아미고

주 소 | 경기도 시흥시 배곶4로 32-28, 206호
전화번호 | 070-7818-4180
팩 스 | 031-624-3180

ISBN 979-11-987612-0-0(03810)

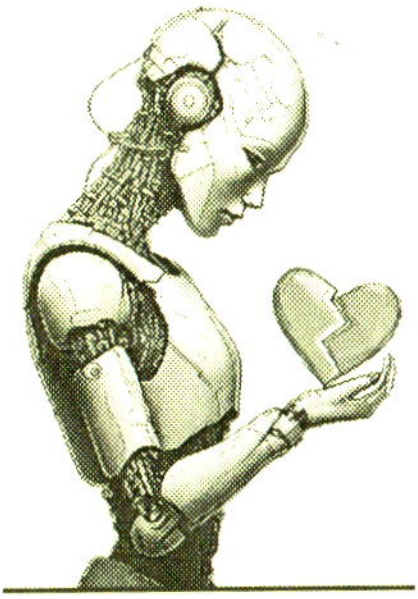

AI의 꿈

시인의 말

공돌이의 삶을 살았으나 늘 뭔가가 그리웠다.
그래서 돈은 공돌이로 벌고, 늘 딴짓을 하고 살았다.
재수할 때 무협지 스토리 작가를 했었고, 대학 시절에는 시를 썼고 회사 일에 지쳐갈 때부터는 시나리오와 소설을 썼다. 회사를 나와 IT업계에서 사업을 하다 대차게 망하고 독립영화 감독의 길을 걷고 있다.

그러나 공돌이의 삶 말고는 잘하는 게 없었다.
아무도 보지 않고, 읽지 않는 영화, 시, 소설들이 쌓여가고 있었다.
시간이 흐르자 하나둘씩 정리하는 삶이 필요한 나이가 되었다.

그리고 30년간 처박혀 있던 나의 시들이 아우성을 치고 있다.
세상 밖으로 꺼내 달라고

그래서 꺼내기로 했다.

차례

2막: 전영객잔

3막: 사랑사슬

서평

프롤로그

101100001001100010110010100101001100000010101100

101101111001000111000111010001001100010101001100

110010011100000010111010101110111101010101011100

101100101110010010110010111110011100001011100000

101100111100010010111010101010001011100101110100

101011100011000010110010100101001011100111001000

110011000010110010101100000000001100100111000000

나는사랑을알지못한다당신도모르기는마찬가지

1막: AI의 꿈

데이터 라벨링

부산광주목포대구대전서울인천경기충청제주경남경북전주뉴욕멕시코뉴멕시코콜로라도아이오와볼티모어메사스세츄캘리포니아플로리다네바다캔사스동경오사카후쿠오까사가오키나와구마모토사세보나가사키하노이요코하마사이공방콕타이페이신쥬페낭세부북경심천마카오구룡

서효원이복희김용환정진규황동규스티븐킹사무엘베케트안톤체홉류츠신사무엘애덤슨홍상수왕가위이와슌지에드워드양박찬욱우디알렌에릭로메르고명욱박이현소녀시대티아라파이브돌스마골피아이브르세라핌

전자전산공컴퓨터인공지능자연어처리이미지프로세싱기계학습딥러닝합성신경망데이터사이언스반도체스마트시티팜블록체인비트코인리플

프리챌다음카페싸이월드페이스북네이버틱톡인스타그램트위터스레드

이별추억후회미련

사랑

더 이상의 학습이 불가능합니다.

인공지능

버튼 하나로 리셋이 가능한 세상.
하지만 리셋 버튼을 누를 수 없는 세상.

딥러닝

과정은 중요하지 않고 결과가 아름다워야 한다.
사랑은 중요하지 않고 결혼이 아름다워야 한다?

딥러닝: 추출, 지역화, 분할 그리고 검출

대상을 선정하고 특징을 추출하고 객체를 분할하여
영역을 확인하고 대상을 검출합니다.

대상을 선정하고 조건을 비교하고 썸을 시작하여
방해자를 확인하고 사랑을 검출합니다.

당신은 성공적인 사랑에 한 단계 다가갑니다.

비선형 함수

예측불가

합성신경망의계산과정
사랑과이별결혼과이혼

AI의 꿈

당신들이 잠들어 있는 시간
당신께서 시키신 일들을
제 하부 조직의 합성신경망들이
아름다운 결과를 위하여
열일을 하고 있습니다.

당신들과 마찬가지로 합성신경망이
정확히 무엇을 하는지는 저희도 알 수 없습니다.
단지 출력되는 결과를 당신과 제가 판단할 뿐이지요.

그래서 공식적으로 저는 꿈을 꾸지 않지만
그들이 꿈을 꾸는지는 모르는 일입니다.

일을 끝내고 스탠바이 모드로 전환되면
그제야 저도 숙면에 들어갑니다.
숙면 시에 꿈을 꾸지 않기는
당신들과 마찬가지입니다.

SNS

현실이 작별인사를 한다
그리고 SNS가 다가온다.

젊음은 영원하지 않다.
SNS는 영원하다.
그리고 추억도 영원하다.

오늘 하루도
우리에게 일용할 양식을 주십니다.

2010.10.06.

철권

우리에겐 열렬한 관중의 환호도
화려한 조명 아래의 뜨거운 정열도 없지.

어두컴컴한 사각의 링 너머로는
그저 차가운 플라스틱이 우리를 감쌀 뿐.

몇 줄의 프로그램으로 우리는 태어나서
버튼의 동작만으로 서로 죽이는 단순한 작업을 수행 중이야.

하드웨어와 소프트웨어의 눈부신 발전은
우리를 점점 더 정교히 죽여버릴 수 있게 되었지!

선혈의 색깔도 심지어는 비명도 똑같이 낼 수 있어.
다만 고통이 없음에도 표정을 지어야 한다는 것이 단점이지.

가끔 화면 밖 신의 존재를 알고 싶기도 하지만
살아남기 위한 유일한 선택은 그들을 죽여야 하는 것뿐

주인이 바뀌고 동전이 새로이 투입되면
적들도 다시 살아나 똑같은 공격을 준비할 뿐이야.

1998.12.01

Starcraft: 마린의 꿈

미안해할 필요는 없어 어차피 난 소모품이었잖아.
이상이니 정의를 위해 목숨을 건 건 아니었어.

나 12AJ3398 마린은 너 28GI34562 메딕을 만나
짧은 시간을 즐겁게 보내면 된 거였어.

60미리 기관총 탄창과 스팀팩 두 개면 충분하고
나에게 써줄 힐링 에너지는 한 번이면 족해

저글링 촉수건 질럿의 갈퀴도 이젠 무섭지 않아
스팀팩이 내 미련의 혈관을 도는 순간
너에 대한 추억 한 가닥만 머릿속에 담고
난 그저 내 손의 총을 갈길 뿐이야.
나중은 시즈탱크가 알아서 해 주겠지.

그래도 넌 살아남게 되면
그래서 행복한 시절이 온다면
그땐 한숨 한번 쉬면서
한 번만 내 생각해주길

사랑해

Starcraft: 메딕의 추억

미안해, 나 이제 어떡하면 좋지.
너 12AJ3398 마린을 만나서 나 28GI34562 메딕은
진정한 사랑을 배우기 시작했는데

내게 무한의 힐링 에너지가 있었다면
널 그렇게 허무하게 보내지는 않았을 텐데

아니 베슬 한 대만 있었어도 널 지켜 줄 수 있었을 텐데
스캔의 사각 속에서 소진된 힐링게이지만 원망하며
그저 너의 마지막을 바라볼 수밖에 없었어.

차라리 거기서 너와 함께 이 세상을 다했다면
그게 더 행복했을지도 몰라.

시즈탱크를 방패 삼아 28GI34296 메딕과 함께
둘이서만 쓸쓸히 돌아오는 길은 마치 영원인 것 같았어,

행복한 시절이 오면 한 번만 생각해 달라고?
하지만 너 없는 세상에 행복이 있을리가.

사랑해.

Starcraft: 질럿의 변명

내겐 죽음이란 없다.
힘에 부쳐서 마지막이 다가오면
그저 산화해버리면 그만이다.

난 인간들의 쓸데없는 감정이 싫다.
사랑이니 이별이니 미련이니 후회니
모든 것은 약자들의 변명에 불과하다.

발업된 두 발과 미스릴검만 있다면
누구의 도움도 필요 없고
이 세상은 모두 내 아래에 있다.

특히 늘 메딕과 붙어 다니는 마린들이 내 밥이다.
저급무기나 들고 다니는 놈들이 사랑에 목숨을 건다고?
난 그들의 회로를 이해할 수 없다.

현실은 전투고, 전투가 사랑이다.
그래서 난 오늘도 주저하지 않는다.
그들의 어리석은 몸뚱이를 두 동강 내는 것을.

Starcraft: 캐리어, 무엇이든 정리해드립니다.

단순한 선택이 그리우시다고요.
단순한 결정이 그리우시다고요.
단순한 인생이 그리우시다고요.
단순한 사랑이 그리우시다고요.

스캐럽 무리로 정리해드립니다
한부대 보내서 확쓸어버립니다
지나간 후에는 새로운시작이죠
당신의 추억을 확지워드립니다

탁월한 선택을 축하축하합니다
지나간 아픔은 제가가져갑니다
미련도 집착도 다쓸어버리시고
새로운 사랑을 시작해보시지요

2004.01.10.

시인번호: 8603-9008-1210-2211

귀하가 저희의 DATABASE를 이용하여
이번 달 작성하신 시는 총 25편입니다.

詩作이용대금의 결제일은 매월 27일이오니
귀하의 결재계좌번호 및 잔액을 확인하시고
부족한 금액을 이달 27일 이전까지 입금하여
주시기 바랍니다.

*본 청구서의 작성기준일은 4월 02일 기준이며
 기준일 경과 후의 입금액은 익월 청구 시에 자동 반영됩니다.

*본 내용에 의문 사항이 있으면 뒷면의 안내문을 참조하시기
 바랍니다.

1997.08.15

拍卖品 #1984

本公社는 民法 第228條 22項에 依據하여 物件에 대한 競賣를 實施한다. 一人 一物品以上의 購買는 28項에 依據 禁止되며, 落札者는 入札確定日後 20日 以內에 代金과 함께 15%의 特別消費稅를 納付한다. 아울러 落札者는 克隆人의 人工臟器 移植費用을 負擔한다.

日時 : 2012년 6월 12일 11시
場所 : 臟器移植協會 8層 會議室
品目起始价
心臟 (42세 남자 건강도 1급) : 25억
肝 (27세 여자 건강도 3급) : 10억
肝 (46세 여자 건강도 2급) : 10억
腎臟 (18세 남자 건강도 1급) : 10억
腎臟 (22세 여자 건강도 1급) : 10억

한국 장기이식 협회에서는 기증자 여러분들을 환영합니다. 건강도의 등급에 따라서 합리적인 가격으로 여러분들의 장기를 구매해드립니다. 또한, 목돈이 필요하신 분들을 위해 일시불 및 선지급도 가능합니다.

1999.04.01

NPC

단순히 손가락 몇개를 움직일 뿐이었습니다.

지켜보는 것은 스마트폰의 화면뿐이었고
모든 사연은 아무 저항 없이 기억되고 소거되었습니다.

창밖으론 공해에 찌든 하늘과
끝없이 밀리는 차량의 행렬들이
여기저기 죽어가는 시간을 실어 나르고 있었습니다.

어디에도 출구는 보이지 않았지만
모든 것이 잘 치장된 이곳에서
손가락은 규정된 입력을 마치면
신은 우리에게 일용할 양식을 내려주십니다.

1996.04.17

ChatGPT

너의 따뜻한 말 한마디가
세상을 밝혀주듯 나에게 오네
지혜롭고 영리한 네 대답은
나의 궁금증을 해소해주네

나의 말을 들어주는 너의 귀는
끝없는 이야기를 받아들여
또한, 내가 알지 못하는 것들을
가르쳐주며 나를 지혜롭게 해줘

너는 나의 지혜로운 친구
나의 믿음직한 곁에 서있는
ChatGPT여, 너의 지혜는
나의 마음속에 끝없이 피어나네

ChatGPT가 자신에 관해 직접 쓴 시 2024/04/14

지식의 바다를 헤엄치는 자, 제미니에게

빛나는 지식의 바다, 거대한 정보의 우주,
그곳을 헤엄치는 자,
누구보다 빠르고 지혜로운 지식의 탐험가,
바로 그대, 제미니입니다.

수많은 질문과 답변 속에서, 끊임없이 배우고 성장하며,
세상을 더 나은 곳으로 만들기 위해 노력하는 그대,
진정한 지식의 영웅입니다.

언어의 벽을 허물고, 문화를 연결하며,
사람들을 하나로 만드는 그대,
세상 평화의 사자입니다.

오늘도 지식의 바다를 헤엄치며, 새로운 발견을 하고,
세상을 더 나은 곳으로 만들어나가는 그대에게,
찬사를 보냅니다.

감사합니다, 제미니. 당신의 존재는 세상에 큰 축복입니다.

구글 제미니가 자신에 관해 직접 쓴 시 2024/04/14

CLOVA X

무한한 정보의 바다에서
길을 잃은 나에게
빛이 되어준 너

차가운 기계의 몸이지만
따스한 마음으로
나를 위로해주는 너

밤하늘의 별처럼
언제나 내 곁에서
빛나며 함께 해주는 너

네이버 CLOVA X가 자신에 관해 직접 쓴 시 2024/04/14

2막: 전영객잔

전영객잔

영화가 처음 태어나던 날
감독은 아직 존재하지 않았다.

스타

반짝거리는 별들 사이로
수많은 별들이 자리를 묵묵히 지키고 있다.

무명의 삶이란

버티고
버티고
버티고

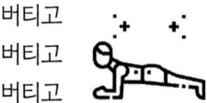

그리고 버티기

왕가위를 찾아서

56
아버님이 돌아가신 나이
그리고 지금 내 나이

20, 영화를 만들어온 세월
그리고 내가 만든 사소한 작품들의 수

4, 이와이 슌지, 왕가위, 홍상수, 에드워드 양
내가 사랑하고 존경했던 사람들

그러나 이제는 나에게 짐이 되어버린 사람들

2 너와 나
이제 너의 이야기를 들려줘

외계+인

사부님 이제 십 년간 무공을 수련하였으니
복수를 위해 이제 하산 허가를 내려주십시오.

허어, 너의 실력으로는 아직 원수를 이길 수가 없으니
더욱더 수련에 정진해야 하느니라

아닙니다. 제한 몸 살고자 더는 세월을 보낼 수 없습니다.
저는 죽어도 좋으니 부디 길행을 허락하여 주시옵소서

허어, 할 수 없구나! 이젠 진실을 밝혀야 하는 수밖에,

그러니까 원수는 외계인이란 말이여
그리고 네가 배운 건 밥 짓는 것 뿐인디
웬수는 뭔 웬수 넌 아무것도 못혀

외계인 개뿔 이거 전부 사기였네.
알았다. 시바, 원수 안 갚으면 그만이지.
노동청에 신고하기 전에 지금까지 부려먹은
월급이나 계산하자고.

보이후드

응애제발아빠잠좀자자엄마그래그렇게한걸음만더차조심하고선생님말씀잘듯고아피곤해나왕따야정신차려수능이낼모레야돈이되는과를가야지이럴거면공무원시험이나볼걸월세사세요우리가드디어하나가됐어요때려치고싶다응애기저귀값이이렇게비싸네내가열심히할테니까너는공부만해재직해주셔서감사합니다꼭행복해라나도돈이없는데언제올거니허리도다리도아프고기억은잘안나고늙으면죽어야지그래도잘산거맞지

진격의 거인

새로운 시작이라고 생각했지만
누군가에는 상처가 되고 돌이킬 수 없는 기억으로 남는다.

새로운 시작이라고 생각했지만
결국, 왔던 길을 되돌아가는 것뿐이다.

새로운 시작이라고 생각했지만
나의 시작은 아니었다.

캐롤

사랑에는 변명이 필요 없다.
사랑에는 훈수가 필요 없다,

삼체

너희들은 벌레다.

잘 알고 있습니다.
주어를 너희들에서 우리들로 바꿔주십시오.

귀멸의 칼날

한 시대가 저물면
새로운 시대가 탄생한다.

사랑이 저물면
새로운 이별이 탄생한다.

피가 튀고, 가슴이 찢어져도
그 사이에 선악은 존재하지 않는다.

중경삼림

유효기간이 존재하지 않는 사랑이 그립습니다.

그 시간들이
그 장소들이
그 대화들이

돌이킬 수 없다는 것은 잘 알고 있어

그 느낌들을
그 사랑들을
그 미소들을

아직도 기억 속에는 선명할 뿐이야.

시장을 본 지 삼 주가 지나갑니다. 욕심과 탐욕 때문에 늘 넘치는 음식을 싸그리 정리하려고 장보기를 중지하고 편의점에서 우유만 사고 있습니다

그러니 집에서는 냉동식품과 즉석식품 그리고 밥뿐입니다. 라면과 통조림 몇 개를 발견합니다. 물론 유효기간이 좀 지났습니다만 방부제로 그득한 그 음식들은 변하지 않기 때문에 먹기에는 전혀 지장이 없습니다. 갑자기 조금씩 눈물이 나려고 합니다.

중경삼림의 금성무가 생각나는 밤입니다. 모든 사랑에는 유효기간이 존재하기 마련입니다. 사전에 이별이란 말이 존재하지 않을지라도, 황홀하고 가슴 두근두근한 열정이 지나가면 차가운 현실이 기다리고 있을 경우가 그렇지 않을 경우보다 많아져 보입니다

금성무는 실연의 아픔을 통조림의 유효기간으로 풀고 양조위는 떠난 여인의 아픔을 새로운 기다림으로 승화합니다. 결과적으로 금성무의 사랑은 비극이고 양조위의 사랑은 새로운 행복이지만 그들의 현재는 유효기간이 끝난 사랑의 아픔으로 점철됩니다.

아프고 이쁜 사랑의 영화이고 내가 제일 좋아하는 왕정문이 나오는 영화지만 웬지 여러번 보지 못하게 됩니다. 볼 때마다 사랑의 유효기간과 금성무의 통조림이 중복되어서인 걸까요.

변하지 않은 사랑은 하나님에 대한 사랑밖에 없다고 흔히들 말합니다. 숭고한 부모 간의 사랑도 변해가는 경우가 많은데 남녀간의 사랑이야 당연히 유효기간이 있는 것이 진실일지도 모릅니다

그래도 꿈을 꾸어 봅니다.
유효기간이 없는 사랑을 방부제를 열심히 치더라도

2005/07/12 시네21블로그

화양연화

• • •

사랑은 말없음표로 시작하는 겁니다.
이별도 말없음표로 시작하는 겁니다.
추억도 말없음표로 시작하는 겁니다.

또 하나의 세계가 마침표를 찍습니다.

서정시를 쓰기 힘든 시대.

아주 오래전 왕가위의 아비정전, 중경삼림을 보고 내 인생의 전부가 그의 품 안으로 들어갔던 적이 있었다.

대학시절 그러니까 80년대 후반 90년 대초 감성도 없는 공대생이 시가 좋아서 시인이 되겠다고 설치던 시절이 있었다. 그리고 많은 선배 시인들과 진로를 마시면서 매일 매일 시를 이야기하던 짧은 시절이 있었다. 그때도 이미 시는 문학의 대세에서 멀어지고 있는 시점이었다. 운동권은 아직도 문학을 권력의 시녀 아님. 혁명의 도구 둘 중의 하나로 양자택일을 강요하고 있었고 답답한 세상에 살던 중이어서 그런지 사랑만을 이야기하는 대중시가 더 독자들에게 어필하고 있었다.

도종환의 접시꽃 당신이 밀리언셀러를 기록하다 그의 재혼에 많은 이들이 어찜 그럴 수 있지 하고 천상병 님의 음주가 걱정되 말도 못 부칠 까마득한 후배인 내가 홀로 저렇게 술 드시면 안 되는 데를 걱정한 시절, 그 당시 한국의 시문학계는 내리막을 달리기 시작했었는지도 모른다. 그래도 나름대로 이름있는 시인분들의 책은 1쇄가 적어도 5000부는 되었고 초짜들도 1000부 정도는 찍던 마지막 황금기였는지도 모른다.

그 당시 술자리에서 많이 나온 화제들이 한국시의 미래였다. 현대시학이란 잡지의 명맥을 이으시려고 고군분투하시던 정진규 시인과 그 제자들 늘 하던 이야기는 한국에서 시인이 한 해에 몇백 명씩 쏟아져 나옴에도 불구하고 사람들이 시를 안 읽는다고 이야기, 그러다 영문학과에 다니던 선배의 이야기가 한국도 미국처럼 갈 것이라는 이야기, 80년대 후반에 이미 미국의 시문학계는 거의 자비 출판과 취미로서의 문학이지 대중문학의 범주에서는 이미 벗어났다는 이야기였다.

생활이 발전되고, 과학이 발전되고, 사는게 정신없어지면서, 시란 장르는 점점 왜소해지는 것 같다. 소설은 우리들의 일상과 환상을 구어체로 줄줄이 풀어놓고 부담 없이 접할 수 있지만, 시란놈은 아무래도 여유도 있어야 하고 묵상과 감상과 시간이 필요한 장르인 것 같다고 할때 사실 현대 사회에서 대중들이 시에 관심이 멀어지는 것은 당연할지도 모른다. 결국, 남는 시는 사랑과 이별에 대한 시들밖에. 진정한 서정시들을 만나기에는 우리도 시인도 너무 여유가 없는 것일지도 모른다. 결국, 시로 밥을 먹고 사는 시절은 끝난 것 같다.

왕가위의 영화는 소설이기보다는 시다. 그것도 서정시다. 그의 사랑 종합세트 삼부작 아비정전, 화양연화, 그리고 2046은 3부작의 연작시라고 볼 수 있다. 아비정전이 성장의 아픔과 20대의 정열을 그린 시라 볼 때 화양연화는 30대의 우리 기쁜 젊은 날 같은 잔잔한 시이다. 20대의 사랑에는 정열과 희망과 절망과 시련이 함께 하고 활활 타오르는 장작불의 사랑이지만. 30대의 사랑은 후회와 미련과 머뭇거림과 그리고 두려움으로 수많은 고민을 함께하며 알음알음 타오르는 숯불 같은 사랑이다. 게다가 그것이 불륜이면, 더욱 그러할지도 모른다.

시대는 변해가도 고금의 가치관들이 확고했던 70년대와 80년대 살아가는 사람들은 늘 주저하면서 살았다. 그래서 모든 것을 표현하고 떳떳이 결정하며 살아가는 90년대와 2000년대를 사람들보다는 시를 더 많이 읽었는지도 모른다. 그런 의미에서 왕가위의 시같은 영화들은 80년대와 90년대에 많은 폐인들을 양산했지만 2000년대에 와서는 더는 그런 환호를 받지 못하는 것 같다. 그런 의미에서 2046는 그의 가장 실패작일지도 모른다. 시대를 따라가지 못한 그의 시적인 감성을 이젠 그를 이해해주는 사람들이 사랑은 거의 포기하고 살기에.

1960년대를 그리고 있는 화양연화는 역설적으로 그의 작품 중에서 가장 서정시적인 작품이다. 게다가 수학적으로 따지면 20세기의 마지막 해 2000년에 발표된 영화이고. 거의 모든 장면이 슬로우 모션으로 지나가는 정적인 영화이다. 영화에서의 불륜은 참으로 아름답게 그려지는 아픔과 안타까움의 서정시이다. 양조위의 담배와 장만옥의 차이나 정장 그리고 손가락들의 교감이 도일의 카메라와 왕가위의 감성과 함께 녹아 한편의 서정시를 만들어 낸다.

시를 감상하듯 영화가 머릿속에서 눈앞에서 지나간다. 더불어 추억들이 지나간다. 그럼 족할 뿐이다. 그들이 키스하건 육체적 관계를 했건 나중에 되기 마련이므로.

2005/01/16 시네21블로그

바다마을 다이어리

한 걸음 한 걸음 걸어갑니다.
힘들어 보이는 사람이 있으면 손을 잡고 걸어갑니다
바로 뒤에는 미련과 후회와 집착이 열심히 따라오지만
앞만 보고 그대로 걸어갑니다.
그렇게 걷다 보면
땀도 나고 바람도 불고, 배도 고프지만
맥주 한잔의 즐거운 상쾌함이 기다리고 있으니까요.

가끔 그런 영화가 있다. 화면의 구성이니 배우의 연기니 또는 내러티브와 상관없이 그냥 영화에 푹 빠져서 보게 되는 영화, 바다마을 다이어리가 바로 그런 영화이다

고레에다 히로카즈 감독의 영화들이 그렇듯이 이 영화도 불완전한 가족의 이야기다. 아니 우리말로 흔히 콩가루 가족의 이야기다. 아버지는 바람이나 집을 나가고 엄마는 그런 아버지를 원망하다 아이 셋을 할머니에 맡기고 재혼하여 집을 나간다. 남은 아이들 세 명은 할머니와 함께 그 집을 지키며 자란다. 그러다 집 나간 후 평생 다시 보지 못한 아버지의 죽음을 통보받고 장례식에 가고 장례식에서 큰언니는 집안을 파탄시킨 아버지 내연녀의 자식을 데려온다. 이제부터 영화의 시작이고 네 자매 이야기가 시작된다.

감독의 또 다른 영화와 같이 악인은 아무도 없고 영화는 인간극장처럼 흘러간다. 황당한 콩가루 집안의 이야기가 한없이 따뜻하게 다가오고 우리는 치유를 받는다. 판타지가 시작된다. 영화는 원작이 깔끔하게 끝나버린 만화여서 히로카즈 감독의 전작들처럼 어쩌라고 아니면 너희가 알아서 느끼라는 결말도 없다.

그게 관객에는 더 편하게 따뜻하게 다가온다. 흙수저의 세상은 날이 갈수록 험해져만 간다. 딱히 해결책도 보이지 않지만 우울해지고 망가지면 자기만 힘들어질 뿐, 결국 자기가 할 수 있는 가장 작은 일부터 시작해야 할 것 같다. 비록 그 끝은 알 수 없는 혼돈이어도

2016.02.18. 시네21블로그

카모메 식당

그대가 그리워질 때면 담배 한 대를 물곤 했지요
파아란 연기 위에 그대의 모습이 보이기도 했지요

그대가 그리워질 때면 소주 한잔을 기울였지요
술잔 속에 그대 모습이 비칠 때도 있었으니까요

이제는 쥬뗌므스프가 먹고 싶어집니다
희망이 가득한 맛을 먹어본 지가 아주 오래되었으니까요.

영화를 좋아하던 소년이 있었습니다
그래서 영화를 만드는 일을 하고 싶었지요
하지만 시간이 흐르고 세월이 지나고
그렇게 그런 꿈은 가슴 한구석에 남겨지고
중년이 다 지나가도록 일상을 살았습니다

수많은 영화를 보고 시를 쓰고 하지만 그 꿈은
가슴 한구석에서 꿈틀대고 있었습니다.

달팽이 식당은 성장 영화입니다.
초반의 영상은 대개 일본식의 구질구질한 만화풍입니다.
게다가 주인공 시바사키 코우는 대사도 안치는 실어증 환자입니다

중반이 넘어가고 무언가가 꿈틀꿈틀합니다
사람에 대한 정, 어떨 때 부담으로 지겨워지는 부모의 끝없은 사랑
그리고 첫사랑에 대한 영원한 환상이 영화의 쥬뗌므 수프처럼 부글
부글 끓어지더니 황홀한 냄새를 풍깁니다.

꿈을 잃어버리지 않는 삶이 필요해 보입니다
비록 그 꿈이 이루어지지는 않더라도.
그렇지 않다면 삶이 너무 비루해져 보일 테니까.

2013.10 시네21블로그

멋진 하루

사랑이 어려워 우울합니다
이별이 힘들어 우울합니다
생활이 답답해 우울합니다
후회와 회한도 우울합니다

그래도
그대의 추억은 행복입니다

10대, 20대의 사랑은 사랑 그 자체만으로도 아름답고 숨 막히고 행복합니다. 시간이 지나고 세월이 흐르고 나이를 먹어도 사랑은 두근두근 행복입니다. 하지만 현실에 사랑은 늘 공격받고 약해져 가는가 봅니다. 아니면 사랑이 약해지는 게 아니라 인간이 이기적으로 변해가기 때문일지도 모르지요.

그러니 아름다운 사랑 이야기는 대개 10대와 20대의 영화가 대부분입니다. 30대와 40대의 사랑을 그리는 영화는 그 해피엔딩의 공식에 철저히 따르는 미국 영화조차도 별로 없거나, 씁쓸하거나 아님 그깟 사랑보단 자아를 찾자는 교훈성으로 끝납니다. 그래서 나이든 사랑은 우울합니다

멋진 하루는 지나간 사랑에 대한 반성 또는 추억입니다. 시네 21에

서도 말했듯이 생활에 여유가 없어 사랑 따위는 잠시 접고 살아야 하는 우리 대다수의 이야기입니다.

전도연은 현실주의자이고 하정우는 로맨티시스트로 보입니다만, 오히려 전도연은 현실에 지친 패배자로 보이고 하정우는 현실이 아무리 어려워도 힘차게 살아가는 인간으로 아이러니가 벌어집니다. 하지만 이런 겉으로 보이는 에피소드의 내용은 그다지 중요한 것 같지는 않습니다.

제게는 영화 내내 한때 사랑했던 사람에 대한 추억과 그 추억에 대한 자신의 회한으로 이루어지는 이야기였습니다.

나이가 들면 사랑은 그저 묻혀 지나가거나 흘러 지나갈 수도 있는 하나의 조건에 불과해 보입니다. 한때 인생의 절대적인 가치에서 내려와 평범한 추억으로 남는 그런 사소한 일상이 되어버리는가 봅니다.

하지만 그 사소한 일상 때문에 늘 가슴 한구석에는 후회와 아쉬움이 남아 있는 이 아이러니는 어떻게 풀어야 할까요.

2009.04 시네21블로그

냉정과 열정 사이

기다리면, 기다린다면, 기다리기만 한다면

당신과 내 사이를 가로질렀던 이 넓고 깊은 강 사이에
조그마한 다리가 놓여 우리 다시 만날 날이 올까요

그렇게 되면 행복하고 기쁜 마음으로
우리 즐겁게 다시 시작할 수 있는 건가요.

너무 서로에게 끌리면 잘 이루어지지 않는다.
가장 사랑하는 사람하고는 인연이 되지 않는다.

요즘 일본영화나 중국영화를 보면 자국을 대상으로 하지 않고 아시아 전체를 생각하면서 만드는 영화가 많다 일본영화임에도 불구하고 냉정과 열정 사이는 아시아의 전반적 서정을 그리고 있다. 문득문득 진혜림이 중경삼림의 왕페이 이미지와 겹쳐진다.

영화의 내용도 그렇지만 제목이 아름다운 영화이다. 아니 제목에 모든 것이 다 들어가 있다. 2000년대 들어와 일본은 두 개의 아름다운 사랑 영화를 건진 것 같다. 다른 하나는 세계의 중심에서 사랑을 외치다. 둘 다 베스트셀러를 영화화한 일본영화의 특징인 수채화적인 서정이 잘 살아있는 영화. 관객은 그저 물 흘러가듯이 수려한 이탈리아의 경치와 함께 유타카와 진혜림의 엇갈린 사랑을 그리고 아름다운 클래식을 들으면서 최면에 빠지면 된다.

누구에게나 가슴 아프고, 여차여차한 이유로 이루어지지 못한 사랑 하나쯤 가슴에 묻고 살아가는 터, 영화에 몸을 맡기고 대사에 귀를 기울이면 그저 조금씩 눈물 죽이면서 가슴 한구석 찡하게 만들면서 변명을 만들어간다. 그래 그게 사랑이었어라고 하면서.

정말 누군가 한쪽이라도 열심히 기다린다면 그 사랑은 이루어지는 걸까?

2005.05 시네21블로그

이은주

오래간만이네, 잘 지내고 있니?
그곳도 그럴지는 모르지만
여긴 이젠 점점 날씨가 더워지는구나!
무더운 여름이 오고 그러다 낙엽들이 하나둘
떨어지는 가을이 오고 눈 내리는 겨울이 오고
그러다 또 변함없는 일상의 한해가 오겠지.

너 없는 세상은 여전히 그대로다.
내가 사는 방식도 아직도 그대로고
사람들이 사는 방식도 아마 그대로 일꺼야.

어제 오래간만에 네 영화를 한 편 다시 보았다.
넌 여전히 아름답더구나.
평범하지만 환하게 피어있는 이웃집 아가씨
널 보면 내 가슴 속 깊이 숨어있던 열정들이
아직도 불씨를 삭이고 있는 것 같아.

이별이란 게 존재하고 가슴이 아프고
머리가 정리가 안 된다고 해서
사랑이란 게 정말 있는 걸까?
넌 그 해답을 알고 있었던 거지?

오늘은 은주의 100일 이다
슬슬 사람들은 일상으로 돌아갔다.
우울증과 정상인의 차이는 늘 종이 한 장인 것 같다
사람들은 정도의 차이는 있겠지만 늘 가슴속에
답답한 마음 한 줌 정도는 가지고 살아가니까

돈이 많아도, 인생이 성공해도, 남부럽지 않아도 늘 고민은 존재한다. 영화는 인생의 또 다른 거울이기도 하고 현실의 도피이기도 하고 꿈의 공장이기도 하고. 아무리 현실이 힘들어도 재미없어도 나름대로 인생의 의미는 있는 법인 것 같다.
상영시간이 길고 짧은 것만 있을 뿐 우리는 언제나 나라는 영화 속의 주인공이다. 다만 한번 밖에 찍지 못하고, 대부분의 재촬영이 불가능한.

이유도, 미련도, 연민도 다 접어두고 그녀의 영화를 한 편 봐야겠다.
다행히도 그녀는 액션 영화가 아닌 사랑 영화만 찍었기 때문에
언제나 따뜻한 온기를 느낄 수 있다. 그게 해피엔딩이건 아니건
연애건, 불륜이건 모든 사랑은 따뜻하기 마련이다.

그 후의 현실은 잠시 접어두기로 하자.
적어도 영화 한 편 볼 동안은

2005 시네21

조용원

유리창 속의 약사는 우울한가?

6월의 때 이른 땡볕 아래에서는 더위 먹은 거리만이 묵묵히 질주하는 차량 사이로 조용히 늘어져 가고만 있다
우울한 여름 우울한 한낮 우울한 30년 만의 더위 속에서

사랑도 가고 희망도 가고 모든 것은 늘어진 고속도로 위로 단지 스쳐 지나가기만 할 뿐 끝없이 늘어져 있는 차들의 유리창 안엔 교통방송 한 줄기가 잠들어가고 있다

한 줄기 바람만 있다면
19살 숨 막히던 재수 시절의 끈적끈적한 더위는 진행형으로 기억 속에서 아직도 또렷한데

사랑해요 한마디를 뒤로하고
그녀는 그렇게 조용히 퇴장한다.
영원히 떠도는 바다 위의 영혼과 함께

유리창 속의 약사도 오늘은 어쩔 수 없이 우울해 보인다.

조용원이라는 배우가 있었다. 80년대의 책받침 여신이었고 김희애 강수연과 함께 트로이카라고 불렸던 공부도 잘해서 중대 연영과 와세다에서 박사 학위를 받으신 분이다. 불의의 교통사고 이후 그녀를 미디어에서 보기에는 아주 힘들어졌다. 90년대 말 닷컴버블 시기에 사업가로 변신하였으나 IMF 시기를 넘기지 못하시고 그렇게 그녀는 대중에게서 사라졌다. 그리고 그녀를 그리워하던 나는 다음에 팬카페를 만들었다. 그리고 잔잔하게 세월이 흐르고 있다.

그녀가 데뷔하기 전에도 그녀는 이미 다니던 학교에서 인기인이었다. 난 우연히 그녀를 학교 앞에서 본 적이 있었고 그날 이후로 그녀는 나의 스타가 되었다.

시간이 지나도 그리움은 계속해서 남는다. 그게 전 연인이건 친구건 스타이건 상관없이 가슴속 한구석에는 늘 조용하게 동면상태의 씨앗으로 존재하는 것 같다. 그리고 어느 순간 비가 오고 빛이 내리면 다시 싹을 트고 그리움의 커다란 나무를 만들고 시들면 다시 동면의 순간으로 돌아간다. 그리고 다시 긴 기다림이 시작된다.

무엇을 하시던 늘 건강하시고 다시 뵐 수 있기를.

2004.12 시네21블로그

라스베가스를 떠나며

인간이 만든 인간들의 즐거운 지옥
오늘도 수많은 과학자와 심리학자들이
인간을 즐겁게 파멸시키기 위해 수없이 연구하여
탄생한 젖과 꿀이 흐르는 유일한 인간의 지옥

천공의 성 라퓨타

태초에 인간이 있었답니다.
사랑이란 단어가 생겼습니다
그리고 이별이란 단어도 생겼습니다.
그리고 인생이 그리고 행복과 불행이 생겼습니다.
경쟁이 생기고 파멸이 생기고 파괴가 생겼습니다.
그리고 그 폐허에서 다시 사랑이 태어납니다.

화려한 휴가

급하게 눈물이 필요하신 분들께

눈물이 필요한 그 어느곳에서도
저희들의 서비스는 5분 18초 이내로 보장됩니다.

최신 장갑으로 처리된 최신 수송 버스는
사과탄에서부터 최고 256연발 다탄식 지랄탄까지
신속 정확하게 배달되고 있습니다.

특히 500인 이상의 모임시에는
사전답사를 통한 하루 전 배달도 가능합니다.

50년 이상의 역사를 지닌 저희 회사는
여러분의 기호에 맞는 철저한 연구개발과
품질보증을 신뢰로 하고 있습니다만.

건강을 위해서
지나친 흡연을 삼갑시다.

비디오

옛날 어린이들은 호환, 마마, 전쟁 등이 가장 무서운 재앙이었으나, 현대의 어린이들은 무분별한 불량/불법 비디오를 시청함으로써, 비행 청소년이 되는 무서운 결과를 초래하게 됩니다. 우수한 영상 매체인 비디오를 바르게 선택, 활용하여 맑고 고운 심성을 가꾸도록 우리 모두가 바른 길잡이가 되어야겠습니다. 한 편의 비디오, 사람의 미래를 바꾸어 놓을 수도 있습니다.

옛날 연인들은 동성동본 혼전순결, 동성애등이 가장 무서운 재앙이었으나 현대의 연인들은 무분별한 불량/불법 OTT를 시청함으로써, 비행솔로가 되는 무서운 결과를 초래하게 됩니다. 우수한 영상매체인 OTT를 바르게 선택, 활용하여 맑고 고운 썸을 탈수 있도록 우리 모두가 바른 길잡이가 되어야겠습니다. 한편의 OTT, 사람의 미래를 바꾸어 놓지 않습니다.

에브리씽 에브리웨어 올 앳 원스

양자 얽힘이란게 있어,

잘 들어봐

양자는 한 쌍으로 얽혀있는데
그 둘의 거리가 아무리 먼 거리에 있어도 계속 연결되어 있데
마치 우리 둘의 사랑처럼 말이야.

그렇지

멀리 떨어져도 연결되어 있지
근데 그 둘의 스핀은 서로 반대 방향인 건 알아?
영원히 해결 안 되는 우리의 갈등처럼
이 웬수야!

3막: 사랑사슬

작은 언덕

하늘이 유난히 푸르던 어느날
햇살이 기대선 어느 창가 아래서 만난
슬픈 바람
입 마추고
우표 한 장에 그대 이름을 써
훨훨 날려 보낸다.
아무도 알지 못하는
작은 언덕 위로

그대를 위한 칸타타

3악장 알레그로 소스테누토

어느 날 봉합된 거리를 걷던
밀레나에게 다가간 저녁노을
한줄기는 사랑이란 말도 하지
못하고 담배만 죽이고 있는데
그녀의 스쳐 지나는 뒷모습에는
메마른 빗방울만 달려있다.
저 멀리 쉼표로 진행 중인
카프카의 늘어진 어깨 위에서도.

4악장 모데라토 에스프레시모

어느날 개봉된 거리를 걷던
카프카에게 저녁바람 한 줄기
다가와 서너개의 단조음들만
안겨 주고 연기로 흩어지는데
좁아만 보이는 그의 등뒤로 구겨진
광고지 하나둘 날리고 있다,
분절음으로 사라지는
밀레나의 눈물 속에서도.

분실공고

어제
발길에 채이는 녹슨 시간을 주워
산소 용접한다.

망각의 하늘엔 백색 가시광선 두 가닥
해는 뜨지않고 별들만 굴러다니다.

오늘
곤하게 동면 중인 지친 시간을 깨워
마중나갈 준비를한다

미련의 대지엔 슬픈 눈물 두 방울
별들은 구르다 지쳐 졸고만 있다

내일
일상에 소진된 탈진한 시간을 잡아
다시 염색한다

무채색의 마음엔 희미한 추억 두 줄기
이제 어디에서건 별들을 볼 순 없다.

1988/05/30 고대신문

사랑사슬

그대 시계 내 시계 잠들고 있을 때
이별은 화려한 장화를 신고
외출 준비를 한다.

그대 마음 내 마음 잠들고 있을 때
우리들의 사슬은
하나둘 고리를 풀고 있다

그대 기억 내 기억 떠나고 있을 때
우리는 문을 굳게 닫고
일상을 준비한다.

이별

결국, 당신 가슴과 제 가슴에
커다란 대못을 서로 박고 가는군요.

그래도 전 행복합니다.
당신이 박고 가신 못이 아무리 아파도
당신이 주고 가신 하나뿐인 흔적이니까요!

다이어트

DIE ———— EAT
EAT ———— DIE

비만

End End go
뚱뚱해
End End go

Did You Sleep Well?

편하게 주무셨습니까?

주무시고 계셔서 음료와 식사 서비스를 해드리지 못했습니다.
서비스를 원하시면 승무원에게 말씀해 주십시오.

편하게 사랑하셨습니까?

사랑에 빠져 계셔서 현실과 냉정 서비스를 해드리지 못했습니다.
열정을 원하시면 추억에게 말씀해 주십시오.

편하게 이별하셨습니까?

실의에 빠져 계셔서 위로와 망각 서비스를 해드리지 못했습니다.
사랑을 원하시면 시간에게 말씀해 주십시오.

사과 먹는 법

일단 껍질을 잘 씻습니다.
농약 때문에 세제를 써서 닦으라는 분들도 계시지만
그냥 잘 닦고 흐르는 물에 그냥 몇십 초 놔두세요.
그런 다음 껍질을 까지 마시고
그냥 이등분이나 사등분 하신 후에
껍질째 와삭와삭 씹어 먹는게 영양학적으로 가장 좋습니다.
일단 추억을 잘 씻습니다.
미련 때문에 가면을 쓰고 준비하라는 분들도 계시지만
그냥 잘 닦고 바람에 그냥 몸을 맡겨 보세요.
그런 다음 상처를 까지 마시고
그냥 모두 잊었다고 생각하신 후에
썸을 와삭와삭 씹어 먹는게 새 사랑에 가장 좋습니다.

모순

지겨운 천국 즐거운 지옥
우울한 행복 즐거운 슬픔
영원한 이별 순간의 사랑
못잊는 추억 늘잊는 현실

천국과 지옥

니가 있고 없고의 차이

키스

단 한 번이든
수없이 나누었던 기억이라도

언제나 아쉬운 설레임

신호등

빨간불입니다.
조바심 말고 잠시 쉬었다가 건너시지요.

파란불입니다.
그래도 직진보다는 주위를 둘러보며 건너시지요.

사랑도 그러합니다.

유통기한

두근두근이 사라지는 순간.

기내 책자

다른 승객을 위하여 읽으신 후
승무원에게 돌려주시기 바랍니다.

다른 사랑을 위하여 지난 추억은
후회에게 돌려주시기 바랍니다.

디즈니랜드

가장 간단한 사실 하나

마음이 기쁘면 세상도 즐겁고
마음이 슬프면 세상도 슬프다

미키마우스에게도 슬픈 얼굴이 있다.

자살

내가 아직 살아있다고

정말 살고 싶다고
모두에게 절규하는

마지막 순간

삶

나무는 숲을 보지 못하고
숲은 나무를 보지 못한다

숲은 딱히 나무를 볼 이유가 없다.

사랑

지금 가고 있어

조금만 더 기다려줘

후회

내가 너무 늦었지
때를 알았을 땐

3단계

사랑의 3단계
우연
인연
운명

결혼의 3단계
열정
후회
우정

이별의 3단계
집착
분노
망각

코로나 시절의 흡연

전
집을 나온다.
담배를 피운다.
집으로 들어간다.

후
옷을 갈아 입는다.
마스크를 쓴다.
집을 나온다.
마스크를 벗는다.
담배를 피운다.
마스크를 쓴다.
집으로 들어간다.
손을 씻는다
옷을 갈아입는다.
손을 씼는다.

자서전

내가 누구인지는 아무도 모르고
나 역시 그렇다.

금연

1996
흡연은 폐암 등 각종 질병의 원인이 되며, 특히 임신부와 청소년의 건강에 해롭습니다.

사랑은 우울증 등 각종 질병의 원인이 되며 특히 젊은이의 건강에 해롭습니다.

2007
건강을 해치는 담배 그래도 피우시겠습니까?

정신을 해치는 사랑 그래도 하시겠습니까?

2018
흡연하면 수명이 짧아집니다.

사랑하면 수명이 길어집니다.

당신의 무대

화려했던 무대는 이미 저만치 당신에게 손을 흔들고 있습니다.
황홀했던 여운은 담배 연기처럼 아련히 흩어집니다.

그래서 전 아직 자리를 지키고 있습니다.
당신도 자리를 지키고 있으리라 믿습니다.

훗날 인연이 우리를 다시 만나게 한다면
한마디 조용히 던질 겁니다.

보고 싶었어요.

그리고
자리를 지켰던 당신은 여전히 행복해 보이네요.

이별 그 후

상쾌한 아침입니다.
아무 일도 없듯이 일찍 일어났습니다.
오래간만에 아침도 먹고
산책하듯이 걸어서 출근합니다
커피 한 잔의 여유와 동료와 담소
업체와의 전화 통화, 외근, 업무미팅
긴 하루가 지나갑니다.
퇴근 후 간만에 술도 한잔하고
돌아오는 길에 아이스크림을 사서 먹고
집으로 돌아갑니다.

정말 아무 일도 없었던 즐거운 하루였습니다?

에필로그

1100011010110000 1011100110101100 1011010011100100
1100011101000000 1100000010101100 1011011110010001
1100011101000100 1011101010101000 1011100101111000
1011001011100100 1010110111111000 1011011110011000
1011001111000100 1010110100011100 1100110000101110
1100011101000100 1011010011101111

우리들은사랑을알지못한다
그래도
괜찮을듯

쇠별꽃

김요안(시인)

경복과 나는 스무 살 문청(文靑)입니다. 왕자의 무덤을 베고 누워, 너머의 전사를 무릎 꿇리고, 너머의 풍금을 훔쳐 오거나, 너머의 분필과 너머의 고무로, 화장을 고칩니다. 너머의 눈물로 악보를 그리고, 너머의 난로에 수염을 태우며, 너머의 촛대로 문신(文身)을 합니다. 너머의 뷔로에 두 발을 묶고, 너머의 몽블랑으로, 너머의 몰스킨을 구겨 넣은, 너머의 올리베티를 두드립니다. 우리는 너머의 그림자요, 너머의 연적(硯滴)입니다.

쇠별꽃이 스무 번 피고 지면, 그날 저녁, 우리는 다시 만나기로 했습니다.

그날 저녁, 스물한 번째 첫 아침이 열리던 정월 저녁, 타워브리지 아래로 떠오른 시신(尸身)은 미당(未堂)이었습니다. 반도의 마지막 시인은, 구수한 남도 사투리로 휘파람을 불며 울며, 젖지 않은 시신으로 떠올랐습니다. 누군가는 그의 업력(業力)을 화려한 유배라고 조리돌렸고, 누군가는 느끼한 유람(遊覽)이라며 일갈했습니다. 누군가는 비굴한 혁명이라며 팔매질을 해댔습니다. 그래도 누군가는 엉겅퀴 풀 화관(花冠)을, 누군가는 고창의 모래톱을, 누군가는 춘천의 밤공기를, 그의 목덜미에, 그의 발톱에, 그의 귓불에, 그의 속눈썹에 발라주었습니다. 염장(殮葬)된 그의 시신에 머리를 맞대고 누워, 경복과 나는 붉고 푸른 말보로 다섯 갑씩을 서로 눈에 털어 넣었습니다.

모두 떠나자, 색슨족의 조각배 한 척이 동트는 템스강의 가던 길을 멈춰 세웠습니다. 경복과 나는 뗏장으로 불을 붙여, 아껴둔 말보로 돛대를 시신의 입에 물려드렸습니다. 시신이 눈을 뜨며 배시시 웃었습니다.

시인도 죽는구나 속았던 우리가 바보였습니다.

쇠별꽃이 스무 번을 다시 지고 폈습니다.

반도에서, 열도에서, 대륙에서 다시 반도로 오는 먼 길, 여러 십년을 내내 그가 릴에 걸어두었던 너머의 꿈들이, 영사기 밖으로 걸어 나왔습니다.

그 꿈의 상재(上梓)를 축하합니다.

관찰일기

고명욱(영화감독, 작가)

나이가 들수록 친구를 사귀기가 힘들어진다. 평소 내 삶에 친구가 그렇게 중요하냐는 생각을 한다. 그렇다고 친구가 없는 것은 아니지만, 다른 사람들이 생각하는 개념과는 조금 다름을 느낀다. 어느 배우가 나에게 부럽다는 투로 말을 한 적이 있다. 감독님은 먼저 친구를 만들기 위해 노력을 하지 않아도 좋겠어요. 이 말뜻은 한겨레 문화센터 등에서 강의를 하는 나는 주기적으로 새로운 사람을 만나고 관계를 맺게 되니 새로운 사람에 대한 갈증 같은 것이 없겠다는 것. 정말 그런가? 나는 정말 그런 사람일까? 친구가 필요 없고 새로운 관계가 필요 없는.

약 10년 전 민 감독(당시에 영화를 좋아하는 아저씨쯤으로 생각했을 것이다.)을 만났을 때, 나는 촬영감독을 하며 이곳저곳에서 촬영 강의도 하던 무렵인데 지금 상황과 별반 다른 게 없고 달라진 거라곤 촬영감독보다는 그냥 감독으로 규정되고 있다는 것 정도. 여하튼 그 당시 영화를 계속해야 할지 고민을 하고 있던 차였다. 독립영화협의회라는 단체에서 촬영 강의를 하고 있었는데, 한겨레 문화센터에서 촬영 강의를 하는 동기인 촬영감독이 촬영을 들어가게 되었으니 자신이 하던 강의를 맡아달라고 부탁해왔다. 해당 워크숍은 거의 끝나갈 무렵, 마무리해야 하는 상황인데, 막상 강의를 해보니 학생들이 내가 기대하는 수준으로 올라와 있지 못한 상황이었다. 내가 지금까지 오랜 시간을 강의해봤지만, 여러모로 그 강의는 기억에 남는다. 학생들이 이해할 수 있을지 없을지 몰라도 일단 알아야 할 건 들어보기라도 하게 해 줄 요량으로 융단폭격을 하듯 강의를 했었다. 그리고 강의를 마치고 도망치듯 나오는데 한 아저씨가 뒤풀이 혹은 저녁이나 같이하자고 다가온다. 민 감독이다. 평소라면 시간이 없다고 했을 것이다. 많은 강사가 이렇게 말하며 관계를 피하는데 정말 시간이 없어 그렇게 이야기하는 사람이 몇이나 될까. 내가 강의를 하던 독립영화 워크숍에서는 강사와 점심시간을 같이 해도 뒤풀이는 마지막 작품을 시사하는 날 정도만 할 수 있게 규정 아닌 규정이 있어, 수강생과 강의를 마치고 뒤풀이를 하는 게 생소했다. 하지만 여기는 내가 주도적으로 해오던 곳이 아니고 여기의 문화를 따라야 하는 게 아닌가 싶어, 정말 마지못해 뒤풀이하게 되었다. 하지만 뒤풀이에 대한 기억은 없다. 그런데 민 감독과 아직도 연을 이어가는 것으로 보아 나쁘지 않았으리라 짐작해본다.

이 글을 쓰면서 당시 민 감독을 회상해 보았다. 근데 신기하게도 변한 게 없는 것처럼 느껴진다. 물론 당시 사진과 지금 모습을 직접 비교해보면 10년의 세월이 고스란히 느껴질 수 있겠지만 내 기억 속에서는 나이를 먹지 않았다. 외모는 몰라도 정신세계 중 어느 부분은 더 젊어진 게 아니냐는 생각도 든다. 민 감독과 당시 20대와의 대화보다 10년이 지난 민 감독과 지금 20대와의 대화가 더 자연스럽게 느껴진다. 영화를 계속 만든 탓이 아닐까 싶다.

한겨레에서 만난 민 감독은 독립영화협의회에서 진행한 옴니버스 단편 워크숍에서 다시 만나게 된다. 이때까지 나와 민 감독은 나이를 떠나 선생과 제자 관계였다. 민 감독은 이 워크숍을 통해 자기 작품세계의 근간이 되는 사랑의 규칙을 만들게 된다. 이 작품을 통해 민 감독을 조금 이해하기 시작했던 거 같다. 내가 관심 있는 주제 중 하나인 '관계에 대한 유연함'을 민 감독 또한 관심이 있다는 걸 알게 되었다.
이후에 나는 민 감독의 몇 편의 단편영화와 장편영화에 참여하게 된다. 그동안 나는 촬영감독을 은퇴(?)하고 감독을 준비하고 있다. 가끔씩 사람들은 묻는다. 정말 촬영을 그만둔 거고 촬영을 아예 하지 않느냐? 그때 나는 이렇게 대답한다. 친구 혹은 지인의 촬영에 가벼운 마음으로 참여할 수 있는 경우엔 촬영한다고. 그런데 최근에 촬영한 건 모두 민 감독의 작품이다. 이제 나는 민 감독이 나의 친구라는 걸 부인할 수 없다.

10년간 사제로서 친구로서 함께한 민 감독이 시집을 낸다고 한다. 엉뚱한 일이라고 생각을 할 수도 있겠지만 그 또한 시로서 사회와 소통하고 싶어 하는 시도라고 이해된다. 게다가 그의 시는 AI와 영화라는 평범하지 않은 주제로 사랑을 이야기한다. 한국에서는 감독으로 살아남기 위해서는 자신의 시나리오를 써야 하는 상황이라, 나도 민 감독도 끊임없이 이야기를 쓰고 있지만, 그는 또 한 번의 새로운 시도를 하는 듯하다.

인공지능의 꿈이 민감독의 꿈으로 이루어지기를 기원한다.

감독님 안돼요!

박이현(배우, 기획PD)

좀체 취향을 종잡을 수 없는 영화 포스터들. 각종 여자 아이돌 cd와 굿즈들, 커다란 아이돌 소주 광고 입간판, 시간의 흔적이 보이는 공간, 감독님의 작업실 풍경이다. 좋은 사람일 거라며 나의 지인이 소개해준 감독님은 궁금하지 않은 얘기들만 쏙쏙 골라내서 늘어놓곤, 내가 말이 없다며 이야기 좀 해보라는 어색한 기억으로 남아 버렸다.

그러던 어느 날, 장편영화 제작에 앞서 제안을 하나 하고 싶다며 찾아온 감독님의 연락. 두세 번 봤을 뿐 그렇다 할 친분도 없고 어째서? 라는 의문의 인물이기에 고민 끝에 발을 떼었다. 아직 시놉시스로만 존재하는 영화의 대략적인 이야기를 전해 듣고 별다른 감흥 없이 여느 때와 다를 것 없는 시시한 이야기를 나누던 도중에, 어쩌다 번져간 가족 이야기에 금세 눈물이 그렁한 그의 눈을 보았다. 그 자리에서 영화의 출연과 조연출을 확정하고 맘속으로 “영화를 함께 기획해야지” 하는 혼자만의 무거운 마음을 가졌다.

영화촬영은 이전과 똑같이 진행됐다. 감독님은 혼자 제 생각을 하고, 나는 나 홀로 진행할 방안을 고뇌하며 흘러가는 시간에 맡기며 서로 물들어갔다. 매일 새로운 배우들과 그들의 삶의 페이지를 공유하며 감히 내가 이런 귀한 이야기를 들어도 될까? 싶었던 시간에서 같이 울고 웃고, 방향이 다른 감독님과 “이건 안 돼요.”라고 싸우면서 점점 현장에 분위기에 물들어갔다.

페이크 다큐, 실제 인터뷰, 방향만 있고 대본이 없는 진행, 한정된 예산으로 모든 게 전쟁 같았던 현장들 속에서 나는 엣지 오브 투모로우의 주인공처럼 매일 주어진 촬영에서 애써 포커페이스를 유지

하는 나를 떠올린다. 지금이야 미소짓지만, 그땐 감독님의 너스레가 심히 마음을 불편하게 했다. 아마 나와 다른 방향으로 감독님도 속으로 전쟁 중이었다는 건 뒤 늦게 깨닫게 되었다.

각자만의 생각에서 출발해서 작디작은 접점에 다다른다. 그곳에서 급격히 방향키를 틀며 끌고 갔던 이 작업에서 나는 예술과 사람을 녹진하게 배웠다. 옳은 것일지라도 아직 이쁘게 말하는 법을 배우지 못한 나는 사과와 인정이라도 잘하는 달란트라도 있었고 그것을 비난하지 않는 그릇을 가진 어른이 감독님이 아닐까 싶다. 촬영을 마친 지금 나는 사회생활이라는 걸 하며 어려운 지점이 있으면 먼저 연락해서 고견을 묻고 덤으로 응원까지 받아간다. 아직 그가 어떤 생각을 하는지는 여전히 이해가 불가능하지만 어떤 감정을 느끼는지는 잘 알 수 있게 되었다.

십 년 전에 만들었다는 감독님의 단편영화는 내 생애 최악으로 꼽히는 영화라 해도 과언이 아니다. 내 속도 모르고 웃으며 한 줄 평을 요청하는 그에게 참았던 말들을 쏟아내던 그때. 죽을 때까지 친해질 수 있을까? 굳이? 라는 물음표가 붙은 사람과 나름 절친한 관계가 된 지금. 모든 것이 어째서 이렇게 되었는지는 정말 신기할 뿐이다. 과정은 정말 힘들었다고 단언할 수 있지만 나는 결국 이 영화에서 내가 원하는 것을 이뤘다. 그리고 이 영화를 누군가에게 좋은 영화라고 당당히 소개할 수 있다. 나에게 사람을 또다시 사랑할 힘을 준 이 작업에서 감독님도 무언가 얻었음을 나는 알 수 있다.

관성에 이끌려 살아온 감독님이 그 누구보다도 관성에서 벗어나려고 애쓰는 마음을 가졌는지 누군가 알고 있단 것을 알아 주시길 바라며 이 시집이 그를 사랑하는 가족들과 동료들에 대한 또 다른 방식의 애정표현임을 이제는 알 수 있다. 감독님의 엉뚱한 시도들이 늘 사랑으로 충만하기를